Inhalt

AF206281

/

1

/

Zu diesem Heft

Das »offene feld« nr. 8 konzentriert sich diesmal größtenteils auf Lyrik, bedingt auch durch die eingesandten Beiträge, die ihrerseits ein weiterer Beleg für die momentan reichhaltig und vielfältig entstehende Dichtung in deutscher Spache (und nicht nur in dieser) sind.

Zwei lyrische Debüts werden präsentiert: Jürgen Jonas Rauscher, Jahrgang 1998, legt Beispiele seines vielversprechenden sprachlichen Talents vor; und Ursula Maria Wartmann, Jahrgang 1953, von der zuletzt Gesammelte Erzählungen unter dem Titel »Der Bourbon des Grafikers« in der *edition offenes feld* erschienen sind, hat mit acht Gedichten ihren ersten Auftritt als Lyrikerin.

Der Dortmunder Autor Arnold Maxwill, dessen Debüt »Raumsch« soeben erschien, erkundet mit Scharfblick und Wortgepür einige Orte in Berlin; und Bianca Döring aus Berlin, die vor kurzem den grandiosen Prosaband »Im Mangoschatten« veröffentlichte, vermißt die Territorien der Liebe.

Lia Sturua heißt die hierzulande noch wenig bekannte Grande Dame der georgischen Dichtung. Ralf Thenior, der Schwarzmeerfahrer, hat einige ihrer Texte ausgewählt, die ihm besonders am Herzen lagen, und mit einer Einführung begleitet. Ralf Thenior ist es auch, der die Niederländerin Bianca Boer, Jahrgang 1976, vermittelt hat. Mit »Neulich, am Morgen« gewann sie den Lyrikpreis von Ostende.

Der Dokumentarfilmer Rainer Komers berichtet von seinen Erfahrungen von einem Festival in Missoula, bei dem u.a. sein Porträt von Spoon Jackson gezeigt wurde. Frucht der USA-Reise ist auch ein Gedicht, fortlaufend numeriert, wie üblich bei ihm, und somit Teil seiner Lebensmitschrift.

Die Vielfalt der Tonlagen macht einen großen Reiz der Lyrik aus. Johannes Witek aus Salzburg schreibt reflektiert, wütend und frech, Angelica Seithes Gedichte dagegen sind knapp, leicht, eindringlich, Arne Rautenberg, der Kieler Meister, beschließt das Heft mit einem Bildgedicht von ästhetischer Nachdenklichmachung –: sinnlich sind all diese Texte auf ihre Weise.

Eine kurze Rezension der neuen Johann-Peter-Hebel-Ausgabe im Wallstein Verlag soll schließlich den wunderbaren Klassiker in Erinnerung rufen, denn seine Geschichten und Gedanken sind frisch und aktuell wie eh und je.

Jürgen Brôcan

ARNOLD MAXWILL
Gleichmaß, Gelände

Wolfmarsteig

& weiter nichts schreiben. von den
Wohngebieten, von Übergängen oder
Fassaden. gehäutetes Gelände, frisch

asphaltiert. Bruchholz & Bitumen über-
dauern den Vormittag (nicht nur den
Vormittag). ein weiträumiges Feld –

wo die Unruhezone beginnt? was ab-
seits geordnet Verlassenheit misst? im
Abraum lösen sich Weiden, Wider-

sprüche, Quadrate, das Kleinformatige
auf: Bäume. Böschung. Böden. andere
Form der Lineatur: forsch zitternd

Rudower Fließ

Sounds jenseits der Wagenspur:
Saatkrähen & Kohlmeisen: sie
bestellen das Revier, von Ufer

zu Ufer: Besiedelung behutsam.
noch finden sich Beton, Begra-
digung; doch das sind übliche

Muster. Kahlschlag & Kalk, eine
Schneise bis zum Erlenbruchring
(Risse im Gebälk). so finden sich

Ufer, Pfad & Gärten: am Beizer-,
Dreher-, Gürtlerweg. Anekdoten
um Vorflut & Riesel: verstummt

Wutzkyallee

hast dich stets durch Grün geschlagen.
waren Schneisen, Flächen; waren ja
Lücken im Gelände. eine weit aus-

hallende Spur. fußläufig Erinnerung:
an Genossen, an Vertrauensmänner;
Aufbau der Siedlung (Körperraum).

besoldet, unbesoldet: frei verfügbare
Gegend weiterhin. Plastik, Pampers,
Basisball. wie Schriftsatz (sehr strikt).

eine Deputation des Nachmittags;
verwickelt, langsam – abseits von
Konkurs, von Konflikten verdichtet

Besichtigung Britz

vorbei die Britzer Baumblüte, ver-
fehlt den Rhythmus, das hufeisen-
förmige Lexikon. die Verzettelung

größer war (hier im Inventar). schon
schieben sich neu Erinnerung, Gang
& das geschlossene Negativ vor die

Retina; kehlige Irritation – ein dichte
Zeile, gebaut von Taut, Bruno. & es
neigen sich Strecke, Sicht zum Kanal

Kolonie Martha Baer

stets dünner die Besiedelung; Geiß-
bart, Beifuß & Arnika. sie dominieren
hier das Bild. & jetzt das: Aufblick,

historisch: Gerechtigkeit, Geduld;
was linear kaum lesbar weilt. – statt
Petunie, Minze & Seidelbast wächst

(für einen kurzen Moment) im Efeu
dreifache Verunsicherung: *N.O. Body*;
nur die Teltowfinken bleiben unbeirrt

Königsheide

im Rücken: Staffelung, Landschaft;
eine schnurgerade Verlängerung –
Britzer Berberitzen. Ligusterhecken

am Aprikosensteig. & plötzlich ein
sehr lockerer Bestand: Kiefern, auch
Eichen. eine Erzählung von Morast,

Moor & feuchten Wiesen. im Gleich-
maß zerschnittenes Gebiet, behutsam
Treidelpfaden gleich vergessen (leicht).

& Transporte? finden sich nicht. nur
Pollenflug (Flüge im Fenn). & Que-
rungen, Silbergras: fast bis zur Spree

/

Baumschulenweg

eine Erweiterung der verwaisten
Flächen; erneut revoltieren hin-
tere Ecken. eine grundsätzliche

Ruhe: nahe den Kompostanlagen,
streng geschieden von Waldnorm
& Krematorium. finden sich Res-

te, Ränder ein? sehr weich die
Palimpseste: Schwaden sinkend,
Flächen. Grauwert, ortlos (T4)

/

Rohrwallblicke

& keine inneren Bilder mehr.
nur Übersetzung, Codierung.
was nunmehr vorliegt: spe-

zifische Bündel; eine geringe
Verdichtung im Gemenge: die
Krähen meiden Fahrtgeräusch,

suchen Schwellen, spülen Rest-
licht an – eine rasch abklärende
Ruhe; bleiben Brummtöne in mir

/

RALF THENIOR

»Mein Niemand, ich bin so müde ...«

Bemerkungen zu Gedichten von Lia Sturua

»Ich betrete die Wohnung / und spreche zur säuerlich riechenden Luft: / ›Mein Niemand, ich bin so müde ...‹«. Mit diesen Zeilen endet das Gedicht »Zwölfter Stock« der georgischen Dichterin Lia Sturua. Und ich sehe sie vor mir, die Plattenbausiedlung und das handgeschriebene Schild am Aufzug: Ne raboti. Kaputt. Und eine alte Frau, die sich mit schweren Einkaufstaschen beladen, langsam die Treppen hinauf müht.

Doch wird dieses vor mir auftauchende Bild einer postsozialistischen Alltagserfahrung den Schlusszeilen des Gedichts nicht gerecht. Es ist mehr, viel mehr, was sich in diesem Stoßseufzer Luft schafft: Einsamkeit, ein Schwinden der Kräfte, Aufgabe des Widerstands, Abwesenheit, existentielle Verzweiflung ...

Lia Sturua öffnet in ihren Gedichten den Blick auf beklemmende Verhältnisse und Befindlichkeiten, die dem Westeuropäer vielleicht unverständlich bleiben, wenn er sich nicht inzwischen mit Neugier und Aufmerksamkeit dem immer noch unbekannten Halbkontinent Osteuropa zugewandt hat. Doch, und das ist in diesem Zusammenhang wichtig festzuhalten, Larmoyanz ist fern. Selbstironie, Spott und ein klarer Blick für die Verhältnisse, die eigene und die generelle Verfassung zeichnen diese merkwürdigen, bildstarken Gedichte aus, die dem Liebhaber postsozialistischer Idyllen kalte Schauer über den Rücken zu jagen vermögen.

Doch anfangen, wo es anfängt. Ich war bei meinen Reisen um das Schwarze Meer in Georgien angekommen. Besuchte Stephan Wackwitz, den Leiter des Goethe-Instituts, den ich von einer Osteuropa-Tagung her kannte und der ein sehr informatives, anregendes Buch über Georgien geschrieben hat. Als ich erzählte, dass ich gern etwas über zeitgenössische georgische Dichtung erfahren würde, machte er mich mit Frau Mikeladze

/

bekannt, der Goethe-Spezialistin für Lyrik. Sie drückte mir eine deutsche Anthologie georgischer Lyrik in die Hand, sagte: Lesen Sie das. Und wenn Sie von ihrer Reise zurückkommen, werden Sie hier einige georgische Dichter treffen.

Und so geschah es.

Das Buch, das ich auf meine Reise durch Westgeorgien mitnahm, ist eine gute Einführung in die georgische Lyrik und öffnete mir noch einmal auf eine ganz andere Weise, als eine Reise es vermag, Einblicke in eine fremde Welt.

Als ich den 580 Seiten starken Wälzer zum ersten Mal öffnete, stieß ich auf Seite 480 auf das Gedicht »Der Second-Hand-Laden« von Lia Sturua, geschrieben im Jahre 2013. Surrealismus und Schmerz, fielen mir dazu ein, oder genauer, erst durch die surrealen Bilder wurde der Schmerz, der aus einer Abtreibung erwächst, spürbar, das unfassbare, klägliche Leben der ungeborenen Kinder ahnbar. Hier sprach jemand über etwas, das ich verstehen konnte, doch wie schaffte sie es, dass es mir so nahe kam. Ich wollte mehr von dieser Dichterin lesen. Ich fand noch drei Gedichte von ihr. Die Leidenschaft, der Glanz in den Augen der Verse, die Emphase und der klare analytische Blick begeisterten mich um so mehr, als ich erfuhr, dies sind Gedichte einer Generationsgenossin, einer großen alten Dame der georgischen Dichtung der Gegenwart.

Als ich nach meiner Reise ins Goetheinstitut zurückkam, um die georgischen Dichterinnen und Dichter zu treffen, war Lia Sturua die erste, die eintraf. Ich war beglückt. Zwar konnten wir uns kaum verständigen, denn ich spreche weder Georgisch noch Russisch, doch irgendwie ging es dann doch. Sie erzählte von ihrem jüngsten Gedichtband »Stunde des Wolfs« und war interessiert, an dem Projekt *Dichter übersetzen Dichter* mitzuarbeiten. Mit einem lachenden und einem weinenenden Auge erfuhr ich später, dass sie einen Verleger gefunden hatte, der ein ganzes Buch mit ins Deutsche übersetzten Gedichten von ihr herausbringen wollte. Damit fiel sie für unser Projekt aus, doch ich freute mich für sie und wollte ihr Buch nach Erscheinen unbedingt haben.

Ein Thema, manchmal auch nur eine Beiläufigkeit in diesen kraftvollen, späten Gedichten, ist die körperliche Hinfälligkeit im Alter. Worauf schon der Titel des Bandes hinweist. Die Elektroenzephalografie ist eine Methode der medizinischen Diagnostik und der neurologischen Forschung zur Messung der summierten elektrischen Aktivität des Gehirns durch Aufzeichnungen der Spannungsschwankungen an der Kopfoberfläche. Wikipedia. Der Leser wird konfrontiert mit Sprachbildern und Collagen des physischen Zerfalls, die Dichterin betrachtet die Zustände des Körpers mit den neugierigen Augen der Wissenschaftlererin und macht sie als Dichterin lebendig durch frappierende Wortfügungen und unerwartete Zusammentreffen entlegener Sachverhalte.

Die Lektüre dieser Gedichte ermöglicht es der geschätzten Leserin und dem neugierigen jungen Leser, fremden Leben sehr nahe zu kommen und das eigene näher kennen zu lernen.

Lia Sturuas Band »Enzephalogramm« enthält vierundvierzig Gedichte aus jüngster Zeit in georgischer Sprache, nach Interlinearversionen von Nana Tchigladze, nachgedichtet von Stefan Monhard und erschien 2018 in der Edition Monhardt, Berlin. Das Buch, aus dem der Abdruck mit freundlicher Genehmigung erfolgt, ist ein Hardcover mit einer ansprechenden Umschlaggestaltung von Svetla Georgieva und überzeugt durch die geglückten Nachdichtungen von Stefan Monhardt.

Gert Robert Grünert, Nino Popiaschwili (Hrsg.): »Ich aber will dem Kaukasos zu … Eine Anthologie georgischer Lyrik«, POP Verlag, Ludwigsburg 2015.
Stephan Wackwitz: »Die vergessene Mitte der Welt. Unterwegs zwischen Tiflis, Baku, Eriwan«, S. Fischer Verlag, Frankfurt am Main 2014.
»Die elektrischen Glühbirnen«, Gedichte von Andro Buatchidze, Shota Iatashvili, Lia

Likokeli, Gaga Nakhutsrishvili, nachgedichtet von Jürgen Brôcan, Lütfiye Güzel, Ivette Vivien Kunkel und Ralf Thenior, Edition Virgines, Düsseldorf 2018.

Ralf Thenior: »Im Licht der Kakifrüchte. Reisegedichte aus Georgien«, Edition Virgines, Düsseldorf 2018.

LIA STURUA

Acht Gedichte

Nachdichtung aus dem Georgischen von Stefan Monhardt

Secondhandladen

Es ist, als läge mein Herz in der Rocktasche,
doch die wichtigste Pumpe steckt noch im Körper, –
ich meine, was mit der Seele mitging und
mit meinem Blut
für die Emotionen verantwortlich ist.
Die Tasche ist noch geheimnisvoller
als der Kragen oder die Falten:
dort saßen meine Kinder,
solange ich richtig Milch hatte.
Doch wen soll ich säugen mit Blut?
Die abgetriebenen Kinder?
Deren Münder sind ja größer als ihre Körper,
wie die Zeichnung eines Irren,
und die Dezibel des Schreis
in Gottes Ohr
sind nicht zu hören, sind zu sehen:
aus der durchtrennten Zitrone springen
Spiralen des Schauders,
aus der blutigen Tasche – die Kinder
mit dem Scherensyndrom,
mit dem Eisengeschmack im Mund,
was ich durch Brot ersetze,
Brot, das den Schlund liebkost

/

und auch den übrigen Körper: Kreise,
Stöcke, Herztaschen –
der Laden der Secondhandkinder ...

***

Ich stürze ein. Rings um den Stuhl
liegen Bruchstücke;
was, wenn ich mich bücke, aus ihnen
ein bekanntes Bild zusammensetze?
Die Wirbelsäule lässt mich nicht,
das war schon früher so, doch unbemerkt:
Adrenalin arbeitete, Zellen vermehrten sich
atypisch, wie Giftbäume;
mit etwas musst du ja schwanger sein –
mit einem Kind, mit einer Pflanze.
Du brauchst gar nicht erst in das Mikroskop passen,
lass dich vom Scheinwerfer aus der Dunkelheit reißen:
Du selbst auf dem Stuhl,
ringsum die Bruchstücke des Körpers,
deine Komplexe
in der Luft wie Winterfliegen,
dein letzter Gedanke gilt einem Unsinn
wie der Beseeltheit eines Stuhles ...

***

Wie willst du wissen, was in der Nacht geschieht!
Vielleicht wird die Brücke gefaltet und hochgeklappt,
ein Vogel könnte darin stecken bleiben
und seine Flugbahn
wird ihm als Denkmal übergestülpt;
dieselben Hände
würden den für den Morgen aufgesparten Pfirsich nehmen
und das Licht wird das Zimmer verlassen ...
Wenn du traurig wirst,
spürst du vielleicht ein leises Ziehen
über deine Knochen hinken ...
Was willst du eigentlich – die lauwarmen Vorteile
mit den rosaroten Liberettos in der Mitte?
Oder dass Strenge gilt
und ihr der Spur paralleler Linien folgt?

***

Ein Winter mit Charakter –
so, wie zu kochendheißem Wasser
allein die orange Tasse passt;
jeden Tag der Wind ...
Wenn er sich legt, lässt er seine Zähne in den Bäumen zurück,
dass ihnen das Holz weh tut.
Als du noch mit ihnen gingst,
gab der der Wind das Ausmaß vor,
jetzt sitzt du zu Hause und denkst so grob
wie ein Stein, du singst das Einmaleins.
Gäbe es auch einen Mann irgendwo,
der die Einsamkeit mit dir teilte,
er ließe sich trotzdem nicht den Bauch gegen den Berg stemmen.
Die Kinder sind in der Mehrheit,
sie wachsen und gehen dann fort,
sie nehmen sogar die Zeit mit,
als auf dem Mond die Bäume rauschten ...

Nach Motiven von Platon

Solch ein Schnee lag auf meinem Fleisch,
dass es besser wäre, sie schnitten es heraus,
eine Karte muss weiße Flecken haben,
Terra incognita wird man sie nennen
und man wird sie entdecken,
wird dir den Rang eines neuen Landes verleihen.
Nun ja, aus Schönheit und Vielzahl der Stile
kannst du doch keinen Staat errichten?
Und was, wenn du den Dichtern Zugang gewährst?
Auf leeren Magen werden sie dir
eine literarische Pop-Art auftischen,
bis du nicht mehr weißt,
wo ein in die Zeitung eingewickelter Karpfen aufhört
und eine über den Elbrus staunende Syntax anfängt –
dein gesetzlicher Wohnsitz,
eine Wand, deren Höhe
du mit dem Weinen des Kindes nachmisst,
das seit langem ungetragene rote Kleid –
gebügelte Revolution im Schrank ...
Ja, was für ein Schnee lag dir auf deinem Fleisch?
Und was haben die Dichter
in einem idealen Staat zu schaffen?

Menschliche Stimme

Ich rufe bei der Auskunft an,
um eine menschliche Stimme zu hören,
ich imitiere niemanden, nicht einmal Cocteau!
Jeder hat sein eigenes Schweigen,
mit mehr oder weniger Bitterkeit.
Zuerst Geschwätzigkeit, Eloquenz,
Vorlesungen auf den Barrikaden der Rednerpulte,
dann, wie Blutstropfen,
Zitate aus Gedichten,
darauf berührt ihre Einsamkeit mit beringten Fingern
die Existenz,
ich kralle mich ans Unkraut,
sie ruft den Mann an, der sie verlassen hat,
aber der ist irgendwo, trinkt Kaffee,
redet über den Flieder wie über eine Frau
und spielt gegen die Ästhetik!
Ich rufe bei der Auskunft an,
aber dort kennt man nur
die Nummern der Lebenden ...

Kammermusik

Über Clementis Sonatinen
kam ich hinaus wie über das Alphabet,
der Mond leuchtete mir,
zu Bach ließen sie mich nicht vor,
im Röntgenbild
zeigte sich eine Schwäche der Wirbelsäule,
die der Musikunterricht als
goldener Kreis umgab,
die Neugier auf den Raum
endete im Rückzug.
Geübte Finger
sprangen wie Perlmuttknöpfe
in die Polonaisen, hatten auch deren Strahlen.
Bach hättest du deinen ganzen Körper
opfern müssen, samt der Wirbelsäule,
hättest den Schmerz in deinen Kopf tragen
und dulden müssen.
Doch wer hätte dich zu ihm gelassen?
Diese Pianistin mit dem Kinn aus Stein?
Oder deine Großmutter, wie sie auf der Stiege geht
und schwankend aufleuchet ...

Zwölfter Stock

Der Winter kommt,
mein Skelett ist sichtbar geworden,
das mehrstöckige Rückgrat
brütet ganze Familien aus,
mich schmerzen die Rippen ...
Unterwegs sammle ich, wie
Spesen, die Beziehungen,
ich zahle in Naturalien:
»Ihr Messer, mein Hals«,
mehr Adrenalin als Blut,
auf nüchternen Magen ein Treffen mit Gott,
vorüberrasen der Gespenster
von Brot und Fisch ...
sie verpassen den Tisch –
ob sie je die Form eines Gegenstands annehmen?
Ich betrete die Wohnung
und spreche zur säuerlich riechenden Luft:
»Mein Niemand, ich bin so müde ...«

BIANCA BOER

Sechs Gedichte

Aus dem Niederländischen von Ralf Thenior
und Katharina Bauer (»Neulich, am Morgen«)

Haus

Ockergelbes Abendlicht verschönert den Abriss nicht.
Kein Dach mehr auf der Kirche, nur noch kahle Sparren,
altes Holz, Brocken, farbige Glassplitter, Leistenwerk.

Wie wir altern. Ich drücke meine Mutter. In ihren
hohen Schultern die Spannung des Vergessens. Wo ist das?
Sie zerbricht in Stücke. Ihre Fäuste geballt, um
zu greifen, was noch da ist. Wer hat das jetzt gesagt?

In einer Nische liegt ein Stapel schablonierter Gesänge.
Lieder wehen davon. Die Tür der verschwundenen
ersten Etage ist angelehnt. Und in der Tiefe die Männer
mit Helmen und bezwingenden Händen.

Mein Vater und ich streiten. Ich bin seine Tochter.
Doch er hört mir nicht zu. Das will er nicht sehen. Das.
Er ist Zimmermann. Hier muss man noch was draus machen können.

Doch ich sehe, wie die Kirchenbänke sich verbiegen
im Regen, die Orgelpfeifen überlaufen.
Du brauchst Wände, Papa. Ein Dach.
Und das gibt es jetzt nicht mehr.

Die Zeit ist aus Wolle

Meine Tochter will sticken lernen. Ich suche die dickste Nadel
aus der Nadeldose ihrer Urgroßmutter. Die ich erbte.
Dieselbe Oma, die am Ende ihres Lebens nicht im Krankenhausbett
liegen bleiben wollte. Mach nur, was sie dir sagen, Oma.

Aber sie drehte sich, wühlte, streckte ihre Arme aus
nach der damals noch jungen Tochter. Dieselbe Tochter die zu jener Zeit
noch aus Krähengeschrei und indigo Augenaufschlag bestand.

Diese Pappkarten mit Löchern warten schon seit Jahren auf sie.
Sie wählt die Farbe aus. Sie will es genauso wie ich machen, so schön,
doch kuck da ist etwas anders. Aber der Faden. Dieser Faden.
Sie lernt zuerst, dass dieser immer wieder in die Nadel muss.
Auf wieviele Arten kann man ihn eigentlich verlieren?

Wenn ich gewusst hätte, was ich jetzt weiß, hätte ich meine Oma
gerade aufgesetzt und mit Kissen gestützt an ihrem letzten Tag.
Was hat denn Gehorsam noch für einen Sinn?

Klein zu sein ist auch unfair, weil man zuerst die doofen Sachen machen muss.
Sie stach ein rosa Herz. Eine rosa Front hinten wie vorn.
Hinten rummeliger. »Das sieht niemand!«, sagt sie, während ich
den Faden noch einmal in die Nadel stecke und ihre Urgroßmutter
flüstern höre, dass die Rückseite später gut kommt.

Es ist der Sommer

in dem meine Tochter sich Sorgen macht
weil der Regen ausbleibt
der Sommer in dem der Himmel von strahlendem

Blau ist was dich verrückt macht
der Sommer in dem die Bäume an der Ringstraße
vorsorglich schon ihre Blätter abwerfen

Gras verbrennt
ich teile ihre Unruhe schaue nach dem leeren Himmel
sehe das Land erbleichen

Es ist der Sommer
in dem wir Eltern verlieren
probieren fest zu halten

die Hitze
die Hitze schmilzt den Asphalt
schmilzt den Kopf meiner Mutter

Es ist der Sommer in dem ich
neben meiner Mutter und meiner Tochter sitze
und auf eine Taubenschar zeige

Alles besteht aus Federn sage ich
aus Glockengeläut und dem Schimmern auf
dem Wasser das in den Augen schmerzt

Er ist beinah vorbei
aber er wird immer zu heiß sein
der Sommer als alle noch da waren

Pferdepille gegen Vergesslichkeit

Um einen klareren Blick zu bekommen tu wiederkehrende Gewohnheiten
in den grünen Eimer. Dazu das Ticken der Uhr
im Zimmer und die weiße Orchidee mit lila Herzen
die weniger Wasser braucht. Eine Kappe Allesreiniger
zusammen mit dem gebrauchten Taschentuch aus deiner Küchenschürze.

Den gekochten Blumenkohl dazu geben wie nur du ihn machen konntest.
Vorsicht mit Muskatnuss. Nein, keine Buchstabennudeln.
Ein paar Hausrituale dieser Art. Toleriere Erdbebenschäden,
es gibt größere Probleme. Beschuldige niemanden.
Vermeide Kummer der mit Lähmung einhergeht.

Alle Zutaten gut vermischen und Papa fragen, ob er wieder
auf seinem Stuhl sitzen will, die Bank ist für Besucher.
Mein Herz schwindet so wie dein Kopf, Mama. Er tut sein Bestes,
bahnt den Weg für Euch beide. Dreiundvierzig Jahren
gingst du vorneweg. So aufgewühlt das Wasser nun auch ist.

Nehmen Sie einen Schuss Essig für ein streifenloses Resultat.

Poetica

Lerne ein Gedicht auswendig.
Mit den Worten anderer Leute
entdecke dich selbst.

Geh auf die Straße hinaus. Breite dich aus.
Bleib auf den Brücken stehen und schreie
den Möwen Regeln zu,

und allen, die überholen,
halte die jungen Jungen und auch
die Mädchen mit den hohen Stimmen

in kichernden Vierergruppen.
Stopp alle die Bravour zeigen,
mit Worten, mit treffenden Sinnen.

Scharfe Sprachkonstruktionen.
Ist diese Stadt tolerant genug.
Diese Maas? Und diese Brücke?

Gedichte gewähren Asyl.
Fragen Sie. Blicken Sie aus dem Schatten,
sagen Sie allen, die einen Platz suchen:

Komm her. Komm zu uns. Und bleib.

Neulich, am Morgen

als wir die einzigen waren, die auf dem Fahrrad diagonal über den Platz

sausten,

du bei mir mit hintendrauf, breitetest du deine Arme weit aus, warst ein

Flugzeug

und wir streiften an flüsterleisen Müllwagen haarscharf entlang.

Als wir an diesem Morgen an die andere Seite des Platzes kamen, sahen wir

dass da Säcke voll Blau an der Straße standen. Darin die Reste vom Tag

die aus den Fenstern gesickert waren. Kein einziger Tageslauf passt genau.

Natürlich wussten wir irgendwie, das konnte nicht für uns bestimmt sein,

aber du wolltest so gerne kurz halten. Sagtest »Los jetzt Mama...«

und ich tat es und niemand schaute und es stand da so rum

in Säcken, Blau, am Rand des Platzes, all diese Schnipsel Tag.

Dies ist die Stadt, die schlafende Stadt, die gähnende Stadt, die erwachende

Stadt.

Darfst du mitnehmen, was nicht deins ist? Ich füllte meine Fahrradtaschen

weil ich deine Mutter bin. Die Fetzen kommen gerade recht wenn man sich

Flügel wachsen lässt und in irgendwas hineinstürzen wird. Gib gut darauf

acht.

Wir haben nun Zeit genug um einander zu lieben.

Wir sind nicht mehr allein auf dem Platz, als die Sonne aufgeht und alles

verblasst.

Da sind auch die Müllmänner und ihnen dicht auf den Fersen die Wagen,

in denen, »Siehst du das Mama?«, einer nach dem andern die Säcke

verschwinden.

/

ANGELICA SEITHE
Zehn Gedichte

Kurz beieinander

So standen sie zuletzt
vor dieser abgeschabten Tür
Die ockerfarbne Hauswand
fleckig und
mit weißer Schrift beritzt
Verblasste Zeichen
wie in einer Höhle, die lange
niemand mehr betreten hat

Er seltsam klein, fast federdünn
Sie auf dem Sprung in ein Geschäft
Sie sah ihn gern. Wie es ihm gehe?
Er sagte: Besser jetzt. Er lächelte

Als sie ihn wiedersah
legte sie stumm eine Rose
auf den Stein mit seinem Namen

und ging

Brügge

Schulter an Schulter
die Treppengiebel der Stadt
Hier steht man sich nah

Hier geht man am Morgen
durch reinliche Gassen
und auf der Brücke
spiegelt im Wasser sich
Glockengeläut
durch uralte Bäume
begrüßt uns der Tag

Noch immer spinnen sie
Flachs
im Hof der Beginen
Weiße Häuser um eine
grüne Stille erbaut

Hier könnte man beten

Wir haben verlernt
uns zu küssen … wir tun es dennoch
In alten Kanälen treibt unsre Zeit

Wir hören sie klöppeln
Sie klöppeln Erinnern
Wir hören und hören
den hölzernen Ton

Blaues Pferd

zu Franz Marc, 1911

In Buchten von gelbem Korn
schaust du und stehst
auf deinem
springenden Schatten
still
vor Freude

Dein Herz schlägt
unterm Hügel
grün

Mächtige Flanken
als hieltest du
die Zeit
für eine Weile
zwischen deinen Beinen an

Einen Sattel
wirst du nicht dulden
auch keinen Reiter
Es sei denn
der Maler selbst
wollte die Farben deiner Hügel
noch einmal träumend ertraben

Grenzweg

Wir gingen
auf dem Moosteppich
alter Gefühle
Der Wald duftete
nach Morgenlicht

Wir setzten unsre Worte
auf weichen Sand

Den Strahlen wollten wir folgen
die durch die Bäume fielen
Doch erst der Regen
band uns rot zusammen
unterm Schirm

Als ich die Sprache verlor
brach mir der Tag in Stücke

Du hast sie aufgesammelt und
gefügt zu einer Schale

für ein apfelrundes Wort

Glück

Du fragst mich nach Glück

Neulich gab ich
dem braunen Pferd auf der Weide
ein Zuckerstück hinter den Zaun
Dann noch eins und noch eins

Es schaute mir nach
in den Abend
Ich winkte

Als ich heimkam und
meine Tür aufschloss
merkte ich
dass ich glücklich war

Für eine Weile

Luftwurzeln

Orchideen sind wir
Wir leben in engen Töpfen, senden
Blütenzweige ins Licht

Doch unsre Erde
gibt nur wenig her

Wir ziehen Nahrung, Beifall
Liebe aus der Luft

Wir suchen einen Boden
der uns nährt

und treffen mit den Wurzeln
auf die Fensterbank

stumme Bühne, an der entlang
die Hoffnung unablässig
weiterwächst

durch jeden feuchten Hauch
der uns belebt

blühen wir

Mittag der Faune

zu Picasso, Lebensfreude, 1946

So tanzen!
Von ihnen umringt
außer sich und befeuert
wenn der Faun die Flöte bläst
während das Schiff
den flimmernden Himmel befährt!

Hufeschlagend und wirbelnd
lachen sie, stellen
die Hörner zur Schau und
machen Musik. Der Mittag
bebrütet den Ton der Zikaden, während
das Weib in der Mitte sich dreht
und dreht zur Flöte des Pan
bis die Wolke aus Staub das weiße
Bewusstsein verliert

und erst am Abend
ein Falter flüchtig im summenden Sand
den Abdruck einer Ekstase
betastet

Kindheit im Ruhrpott

Ich grabe
in den Flözen der Erinnerung
Das schwarze Gold
will nicht zutage treten
Die Förderkörbe stecken
im Gedächtnisschacht
Ich darf nicht in die Tiefe denken

Die Lampe strahlt
an meiner Stirn, beleuchtet
mir den Ort
doch nicht das Dunkel, wo die
Grubengase kauern

Da löst
aus schwarzer Lagerstätte
sich der Schmerz :

Die rußverschmierte Freude
meiner Kindheit
ging gebückt
durch Stollen schlichen unsichtbare Wetter

Und doch, ich sprang und
tanzte über Tag, als wär die Luft
ein buntes Seil, mich störte nichts,
kein Dreck, kein Industriegestank, nur dass
die Mutter litt,
als wär sie unter Tag

vom Ruß erstickt, geschwärzt und schwer –
beraubt … nicht nur
des Elbflorenz, aus dem sie kam

Selfie

Ich seh einen Baum:

vor langer Zeit
aus dem Schutz der
Wälder getreten
Am Rande des Sees
ausgeliefert dem Sturm
der Sonne, dem Wasser
vertraut –
Wünsche, die ausladend waren
hat es ihm längst
herunter-
gebrochen, verwüstet
wirkt er, aber
er steht
Zum Licht hin
die wippenden Arme voll Zapfen
und grün
Auf der anderen Seite
ragt das zerborstene Holz
roh ihm von Schulter und Brust

Er liebt die Raben
wenn sie von seiner Krone
hinuntergleiten
segelnd über die seidene
Abendhaut des Sees

Vom Auskämmen der Sprache

Kahle Ruten im Gras
abgeworfen das dürre
Holz verzweigter Rede

Sich trennen
von Trocknem befreit spricht die Birke
grün mit dem Wind

Beim Lesen im nahe
gelegenen Himbeerschlag
Silbe für Silbe das Süße
Gezwitscher der Grasmücke

JÜRGEN JONAS RAUSCHER
Sechs Gedichte

1

Während Panik

Ich sende dir
einen Gruß
aus anderer Welt,
wo zu wohnen grausam ist.
Denn es ist sehr eng (dort), nur
Herz und Tod
und alles in kuppelhafter Form angelegt.
Das schreckt ab:
daneben die merkwürdige Neuheit von allem,
ein (harter) Puls an aushärtenden Adernwänden.

Ich werde wohl nicht sterben?

2

Der Morgen

Jetzt musst du dich begeben
in Fallen
und musst dich, mein Lieber,
vertapfern (lassen) und schweben.
Und dann nur noch die Leichte
deines Kopfes von dir weisen, Nebel,
und zu dümpeln starten; so: leben.

3

den Tapferen / (der Nordtölpel)

da sind wir und gehen
gewissem Ziel entgegen
dem viel angestrebten und
nie dagewesenen

ein wenig gehen.

an, an, wegen: vergessen wollen
was war und weil wir Mut genug
in (unseren) Köpfen tragen, der Köpfe trägt und bewirkt:
verrücktes Gedränge, auch irrational,
zu vergessen, wenigstens ignorieren.

4

Angstmeditation im Frühling

Du gehst ja
treibst dich – das Plumbum deiner Beine-
durch Welten die dir verschwimmen
wie Karohefte bei
hoher Geschwindigkeit.
Du schleichst dich – partiell präsynkopisch-
durch Gänge. (der Gang=
ein/das Zwischen von Wänden)
und begibst dich dorthin
wo Atemplätze sind.

5

Zustände

Heute war ich bereits weit weg
bevor ich hier ankam
wo man * schreiben kann.   *wieder
Heute befand sich, gerade,
etwas um mich und
ich mich darin.

6

Bereiche

die Fasern, die
zwischen uns sind,
verbreitet,
könnten sich verdichten
und ein trittsicheres Gerüst sein
(zwischen uns
und unsren Städten)

zwischen uns
hat sich viel Sprache entwickelt,
die fasrig und gewaltig ist,
eine große Menge und auch Masse,
in der man suchen kann
und Fragen stellt.
deine Wörter formst du
mit wunderbarer Oberfläche.

JOHANNES WITEK

Lyrik

Erde

Und er erkannte
dass, was er für seine Geschichte,
für seine Siege und Niederlagen,
für sein Warten durch die Monotonie
des Alltags gehalten hatte,
dass das alles wie ein Haus war
aus dem man einfach
hinausgehen konnte
und er erkannte dass,
wonach er sich sehnte,
dieses Hinausgehen war,
und wonach er sich sehnte
war das:

Sonne, Wasser, Gehen,
Atem, Ruhe, Schlaf,
Stille
sowie diverse
namenlose Dinge

also verließ er nach einem
Leben in den Städten
das, was bisher sein Leben gewesen
war
und er fand ein Stück Land

mit drei Strahlen Licht
und eine Frau
mit einem riesigen Arsch
die ihm den ganzen Tag am Oasch ging
und mit der er jede Nacht Liebe machte.
Morgens erhoben sie sich mit der Sonne
und die Stille des Landes
wurde zur Stille in ihm,
sie isolierte seine Gedanken und schuf
Platz zwischen ihnen
und er dachte: Witzig,
was ich für mein Ich halte
befindet sich hinter meinen Augen
und bewegt sich mit mir im Raum hin und her
wenn ich, sagen wir, durch ein leeres Stiegenhaus laufe
geht es mit mir
die Treppen hinunter
und befindet sich einen Augenblick auf dieser Treppe
den nächsten zwei Treppen weiter unten
und doch existiert das ganze Stiegenhaus nur
weil ich es wahrnehme
ist also in mir,
was also bin ich,
das hinter meinen Augen
oder der Raum um mich herum?

Und als er das dachte
wurde es noch stiller in ihm
(und auch um ihn)
eine Stille, die ihn nicht mehr verließ
sie war immer da,
auch bei seinen Expeditionen in die Welt,

sie war da am Times Square in New York
und auf einem Basar in Istanbul,
sogar in der Wiener U-Bahn ging es nicht weg
und seine Augen waren ruhig und weit und klar geworden
sie leuchteten wie beschissene Suchscheinwerfer
und als die Menschen ihn fragten,
was er genommen hatte,
sagte er: »Grenzen.
Keine Grenzen mehr!«

und als die Menschen sahen, dass er nichts von ihnen wollte
boten sie ihm Geld für das
was er hatte
aber er sah sie nur an und
sagte: »Geld.
Ja, Geld ...«

Dunkel war die Nacht, kalt war die Erde

Blind Willie Johnson war ein
amerikanischer Sänger und Gitarrist
der, wenn die Geschichte stimmt, nicht
blind geboren wurde sondern im Alter von
sieben Jahren von seiner Stiefmutter
Lauge in die Augen geschüttet bekommen hat
und dadurch seine Sehkraft verlor.

Sein Geld hat er sich sein Leben lang
als Straßenmusiker verdient
und nachdem das Haus, in dem er gelebt hat,
1945 bei einem Brand zerstört worden ist,
hat er weiter in der abgebrannten Ruine gelebt
und auf einer Matratze geschlafen
die vom Löschwasser durchnässt war.

Kurz darauf
ist er an einer Lungenentzündung gestorben.

Sein Lied *Dark Was the Night, Cold Was the Ground*
in dem kein einziges Wort gesungen
sondern nur guttural gesummt wird
wurde neben Mozart, Beethoven und Chuck Berry
auf die Schallplatte *Voyager Golden Record*
gepresst und 1977 ins All geschossen
in der Hoffnung, möglicherweise existierende
außerirdische Lebensformen könnten dadurch
von uns und dem Ort unseres Planeten
im Universum erfahren.

Das heißt, die Stimme des Mannes,
der sein Leben darum kämpfen musste,
überhaupt eine zu haben und
die kein einziges verständliches Wort formuliert,
schießt jetzt durch die Unendlichkeit
um Aliens davon zu informieren
wo und was
wir sind.

Denk daran
wenn an einem Dienstagmorgen der Wecker läutet
und du öffentliche Verkehrsmittel verwendest
um in die Arbeit zu fahren.

Clashing in the Night

Mein Gott,
mein lieber Gott,
es ist,
wie Prinz Arjuna
gesagt hat, als Krishna
ihn zwischen die beiden gewaltigen
Heere gefahren
und er sich dort
auf den Boden gesetzt hat
am Vorabend der Schlacht:

Alles was ich brauche,
ist eine Kunstform
um darin komplett irre
zu werden.

Gib mir das,
und ich gebe dir
alles.

Field Trip

Wir atmen ein
wir atmen aus
wir spüren die Ruhe unseres
gleichmäßigen Atems
wie im Rhythmus unseres Herzschlags
ein und aus
die Muskeln sich lockern
und Wärme sich ausbreitet
im gesamten System
die Sorgen des Tages weit weg
die Gedanken werden ruhig
nur hier und jetzt
in diesem Augenblick
mit einer Stimme als Führer
die immer und zu jeder Zeit da sein wird,
ein und aus
die Muskeln locker
der Atem ruhig
der Kopf frei
der Verstand gelöst
-- los

Wir verlassen das Basislager der Namen und Formen
und erkunden den Dschungel dahinter
»bewaffnet mit nichts als unserer eigenen Vision« (Ayn Rand)
nicht indem wir sagen
was sehen wir
was hören wir

was riechen wir
was fühlen wir und
schmecken wir

sondern indem wir uns fragen
wer das tut
und die Antwort
(Ich)
der kritischen Prüfung unterziehen
ob sie endet, wo unser Hintern
den Stuhl trifft
auf dem wir sitzen
und unser Körper die Haut
in der er aufschlägt

-- und wir finden schnell,
dass es sich so verhält wie bei allem:
je genauer man hinsieht
desto unschärfer wird es
bis nur noch ... was übrig bleibt?

Umrisse von Forscherinnen und Forschern,
die vor uns in diesen Dschungel
eingedrungen sind, was sie uns hinterlassen
haben: Kathedralen, zeitlose Artefakte,
Worte als Wegweiser
am Zentrum von allem
(angeblich):

»Die, die Sklaven ihrer Gefühle sind
werden den Fluss der Begierden hinuntergespült

wie eine Spinne in dem Netz herumläuft,
das sie selbst fabriziert hat;
die, die das Netz endgültig durchschneiden
verlassen die Welt frei von Sorgen
und lassen alle Gefühle hinter sich.«

Diese Welt jenseits von allem,
was man durch die Sinne wahrnehmen kann:
existiert sie wirklich? Ist sie unser eigentliches
Zuhause, wie sie sagen? Oder ist das alles nur
biologische Reaktion? Abflachende Hirnwellen, Tiefschlafmuster?
Ein Verstand, der sich aus Reizarmut selbst
unterhält?

Es heißt, hier gibt es Sonnenaufgänge,
Strukturen, Ausblicke von unendlichem
Panorama, ungeahnte Höhen zu
besteigen ... aber wie weit kann man
in diese Welt? Wie weit kann man
los?

Die Flora und Fauna dieser fremden Umgebung
scheint sonderbar nativ mitunter, nicht wahr,
als hätten wir sie bereits unzählige Male bereist,
das satte Grün einer Vegetation,
die keine ist,
die Freiheit der Luft
das Blau der Bergketten im Hintergrund
ohne Blau und ohne Bergketten und ohne Hintergrund
das Gefühl von Sonne auf einer Haut,
die nicht da ist,

Geräusche und kein Ohr,
um sie zu hören
Metaphern von Metaphern von Metaphern
von Metaphern:

was zwischen Freude und Schmerz steht
ist nichts als
die Illusion der Zeit

was zwischen Gestern und Heute steht
ist nichts als
die Illusion eines Ichs

was zwischen allem steht
ist nichts als
die Illusion eines Dazwischens

aber wo befinden wir uns dann
außer in dieser Frage?
In allen Fragen
und allen Antworten
selbst?

Wenn du dich von deiner Identität
lösen und ihre verschiedenen Ebenen
untersuchen kannst,
kühl und losgelöst als
unparteiischer Beobachter,
was ist dann deine Identität?

Was in dir ist es
das »Ich« sagt

und was bleibt
wenn das verstummt?

Was in dir erinnert sich
und woran?

Was in dir wartet
und worauf?

Weg von den Dingen
des Menschen,
weg von den Konzepten
des Menschen

erkennst du, dass alles
Konzept ist
(auch, dass alles
Konzept ist).

Die Reise
geht über zehn Schritte,
heißt es:

- Die Suche nach der Erkenntnis.
- Das Finden der Spur.
- Das Finden der Erkenntnis.
- Das Festhalten der Erkenntnis.
- Die Zähmung der Erkenntnis.

- Die Heimkehr auf dem Rücken der Erkenntnis.
- Das Gefundene verschwindet, der Findende bleibt.
- Die Erkenntnis und der Erkennende verschwinden.
- An der Quelle.

- Heimkommen auf den Marktplatz mit vollen Händen.

Und hier bist du dann,
angeblich,
der Berg wieder Berg
die Luft ruhig und neu
atmest ein, atmest aus
kommst runter,
kehrst heim,
spürst die Ruhe deines Atems
im Rhythmus deines Herzschlags
ein und aus
der Hintern immer noch Hintern
der Stuhl immer noch Stuhl
weder sonderlich klüger
noch sonderlich heilig
weder auf der einen Seite zuhause
noch auf der anderen

einfach nur ein Mensch
dessen Reise
beendet ist.

Jeffers

Manche
feiern ihre
Isolation

andere
isolieren
ihr
Feiern

die Besten
schaffen es,
dass die Steine
sich lieben

und leben dann
die Stille
dahinter

RAINER KOMERS

Being the Stream – vier Tage beim Big Sky Film Fest
in Missoula, Montana

Am letzten Festivaltag, einem Sonntag, nehme ich die Brücke über den vereisten Clark Fork River, um in der Bäckerei Le Petit Outre ein Baguette für die Rückreise zu kaufen. Im Rucksack sind fünf Päckchen Montana Beef Jerky, die ich auf der Higgins Avenue (mit dem historischen Festivalkino *Wilma*) bei Worden's Market & Deli erstanden habe. Am Oberlauf des Clark Fork River liegt die ehemalige Bergbaustadt Butte. Von dort aus gelangten Arsen, Schwermetalle und andere Gifte stromab bis zum Milltown Dam. 2008 wurde mit dessen Abriss und der Entsorgung von fünf Millionen Kubikmetern verseuchter Sedimente begonnen. Szenen von diesem größten und kostspieligsten Cleanup der USA zeigt mein Film »Milltown, Montana«.

Missoula ist eine Universitätsstadt mit zahlreichen Büchereien. Bei früheren Aufenthalten habe ich dort in einem Antiquariat »Auguries of Innocence«, einen Gedichtband von Patti Smith (von ihr signiert), und bei Shakespeare & Co »Catching the Big Fish« von David Lynch (der in Missoula geboren wurde) gekauft. Jetzt stehe ich im Schnee wieder vor dem Shakespeare, kurz bevor er um 16 Uhr schließt. Woody Kipp, Englischlehrer am Browning Community College in der Blackfeet Reservation, hatte mir bei einem Besuch in seinem Trailer in East Glacier Richard Hugos Gedichtband »Making Certain It Goes On« geschenkt. Hugo, der als Creative Writing-Lehrer an der University of Montana den Lyriker Gary Snyder zu einem Gastvortrag eingeladen hatte, schrieb ihm nach dessen Abreise:

Dear Gary: As soon as you'd gone winter snapped shut again on Missoula. Right now snow from the east and last night cold enough to arrest the melting of ice. My favorite bouncer, wind, stopped throwing clouds out oft he joint for being to gloomy. In short, you're gone and we've gone back to being a small dreary city. Some of your grace hangs on.

Ich frage die Buchhändlerin nach dem Lyrik-Regal. Es ist prall gefüllt. Wo anfangen, wo aufhören? Elizabeth Bishop? Ich stoppe bei »No Nature – New and Selected Poems« von Gary Snyder – schon etwas abgegriffen, der Umschlag geknickt, 20 Dollar. »Möchten Sie eine Tüte?« Das Buch wandert zu den Jerky-Päckchen in den Rucksack, und mit meinen Spikes-schuhen klappere ich über das Parkett nach draußen in den eisigen Ost-wind, der vom Hellgate Canyon den Clark Fork River herunterweht. Gary Snyder ist, wie auch David Lynch, ein Anhänger der Meditation:

Meditation is not just a rest or retreat from the turmoil of the stream or the impurity of the world. It is a way of being the stream, so that one can be at home in both the white water and the eddies. Meditation may take one out of the world, but it also puts one totally into it.

Ich fühle mich dem Festival, den Freunden, die ich dort gefunden habe und dem Ort in dieser dünn besiedelten, rauen Landschaft sehr verbun-den. Die erste Nacht verbringe ich bei Doug Hawes-Davis, Naturfilmer und Programmdirektor des Festivals. Er zeigt mir das Geweih eines Wapi-ti-Elks, den er kürzlich in einer unwegsamen Bergregion geschossen hat. Er traf ihn am vierten Tag. So ein Hirsch kann 350 kg wiegen. Er muss zerlegt und meilenweit durch den Wald bis zum Truck geschleppt werden. Die beiden folgenden Tage übernachte ich bei Andy Smetanka, einem Sil-houetten-Animationsfilmer in der Nachfolge Lotte Reinigers. Er arbeitet im Stopptrick-Verfahren mit einer sowjetischen *Quarz Super 8*-Kamera. Für seinen ersten Langfilm »And We Were Young« – eine Geschichte über die Maas-Argonnen-Offensive am Ende des Ersten Weltkriegs – fertigte er mehr als 250 000 Einzelbilder. Das Kampfgeschehen in den

Ardennen wird in einer Intensität geschildert, wie ich es bisher nur in Célines »Reise ans Ende der Nacht« kennengelernt habe. Von einem abgelegenen Ort wie Missoula ein solches Mammutwerk in die Welt zu tragen, ist schier unmöglich. Diese Erfahrung hat bei Andy, Joanna und ihren drei Kindern Umzugspläne ausgelöst. 2007 hatte Andy schon einmal einen Ausbruchsversuch gewagt, als er zu Guy Maddin nach Kanada trampte und für dessen Film »My Winnipeg« die panische Flucht von Rennpferden aus einem brennenden Stall in den eisigen Red River animierte. Bei ihrem letzten Rennen blieben die Tiere bis zum Widerrist und zur Schulter im Eis stecken, erstarrten dort mit aufgerissenen Mäulern, um als schaurige Skulpturen und Attraktion für die Bewohner den Winter zu überdauern.

Auch für Isabella Rossellini und ihre Serie »Burt's Bees« hat Andy Silhouetten-Animationen gemacht. Doch wie geht es nach solchen Teilerfolgen weiter? Diese existenzielle Frage stellt sich nicht nur für ein Ausnahmetalent wie Andy.

Michael Galinsky hat in Lower East Side, Williamsburg und in Brooklyn gelebt. Dort hat er zusammen mit seiner Frau Suki Hawley »Battle for Brooklyn« gedreht, einen Film über das milliardenschwere Atlantic Yards-Projekt des Investors Bruce Ratner, und wie sich Mieter und Wohnungsbesitzer gegen dessen Abrisspläne zur Wehr setzen. Nach Missoula hat er »The Commons« mitgebracht. Der Film dokumentiert eine monatelange Kampagne von Collegestudent*innen in Chapel Hill, North Carolina, wo Michael aufgewachsen ist und jetzt wieder lebt. Die Aktivist*innen fordern die Beseitigung eines ‚Silent Sam' genannten Konföderierten-Denkmals, das 1913 von Verfechter*innen der *white supremacy* auf dem Campus errichtet wurde. Mit einen Trick und einem Seil gelingt es den Protestierern, den Bronzesoldaten unter den Augen der Polizei vom Sockel zu stürzen. Nach Big Sky 2019 wurde »The Commons« auch auf dem angesagten True/False Film Fest gezeigt.

»Blowin' up« von Stephanie Wang-Breal steht ganz in der Tradition von Frederick Wiseman. Beobachtet werden Prozesse in einem Gerichtssaal in Queens, wo Frauen ohne Papiere wegen Prostitution angeklagt und mit Gefängnis oder Ausweisung bedroht werden. Richterin, Staatsanwältin und Verteidigerin stehen gemeinsam an der Seite der Frauen und bemühen sich nach Kräften, innerhalb eines bizarren Strafsystems menschliche Entscheidungen herbeizuführen bzw. zu fällen. »Blowin' up« hat den konventionellsten Look der hier vorgestellten Festivalfilme. Gestartet wurde er in Tribeca, gefolgt von Hot Docs, AFI Docs und der Full Frame Film Series – eine Festivalserie, die Verkäufe verspricht.

Jesse Alk hat mit »Pariah Dog« seinen Erstlingsfilm vorgelegt und bei dessen Weltpremiere in Missoula gleich den *Best Feature Award* gewonnen. Die Geschichte handelt von Straßenhunden in Kolkata und ihren eigensinnigen Beschützer*innen. Der exzellent vom Regisseur selbst über eine Strecke von 2½ Jahre fotografierte Film ist eine empathische Ode auf das Hundeleben, Sterben und Überleben im bengalischen Großstadtdschungel. Die Website des Films ist ähnlich perfekt gemacht wie die von »Blowin' up«, doch bei Jesse ist am Ende zu lesen: »*Pariah Dog* is currently seeking festival and distribution opportunities.« Der Weg zum Box Office im Kino und zu den Slots der TV-Sender ist für so anspruchsvolle und eigenwillige Filme wie die von Andy und Jesse weit und besonders weit von Missoula aus. Tausende machen sich jedes Jahr auf den Weg, darunter die Besten und Talentiertesten – um ihre Filme am Ende zu streamen wie Travis Wilkerson?

Travis Wilkerson, diesem ästhetisch wie politisch extrem unruhigen Geist ist eine Masterclass und eine Retrospektive in Missoula gewidmet. »An Injury to One« (16 mm, 2002) schildert den letzten Einsatz des radikalen Gewerkschafters und Kriegsgegners Frank Little in Butte. Nach dem *Granite Mountain Mine Desaster* im Juni 1917, dem 168 Bergleute zum Opfer gefallen waren, half Little der dortigen Copper Mininer's Union, einen Streik gegen die Anaconda Mining Company für mehr Arbeitssicherheit und höhere Löhne zu führen. Frühmorgens am 1. August wurde er von einem Mordkommando entführt und grausam gelyncht. Wie in mehreren seiner Filme verbindet Wilkerson auch hier Landschaftsaufnahmen, Typografie, Text, Archivmaterial und Musik zu einem experimentellen, genuin amerikanischen Agitprop. Überhaupt ist er ein glänzender Rhetoriker mit einem beeindruckenden Bariton, der die Texte seiner Filme selber spricht. In »Did You Wonder Who Fired the Gun?« tut er das live auf der Bühne und mit beachtlichem Einsatz, während der Film läuft. Zwar beneiden die anderen Künste den Kinofilm um seine audiovisuelle Präsenz, aber trotz allem bleibt das Geschehen auf der Leinwand virtuell, und es liegt in der Vergangenheit, während Travis als Sprecher wie als Person im Saal physisch und mental gegenwärtig ist. Noch einmal Gary Snyder: »When the mind is exhausted of images, it invents its own.« Wie lässt sich im anschwellenden Strom der bewegten Bilder Aufmerksamkeit erzeugen a) für den Film, b) bei den Zuschauern selbst?

In seinem Live Performance-Film macht Wilkerson eine Reise nach Alabama und in die Vergangenheit seiner Familie. In der Stadt Dothan, bekannt als »Peanut Capital of the World«, hat sein Urgroßvater mütterlicherseits 1946 den Schwarzen Bill Spann erschossen – ein Mord, der wie so viele im Land der *white supremacy* ungesühnt blieb und in der Familie lange verheimlicht wurde. Travis befragt sich selbst, engste Verwandte, Bürgerrechtsaktivisten, recherchiert ein weiteres rassistisches Verbrechen. Ein schmerzhafter Prozess, in den Abgrund der eigenen Familie zu blicken, in Home Movies wieder und wieder dem lachenden Mörder zu begegnen. Kolorierte und negativ umkopierte Einstellungen mit Gregory Peck, dem paternalistischen Gutweißen aus »To Kill a Mockingbird«, rahmen Wilkersons Suche nach der verlorenen Zeit ein. »Did You Wonder Who Fired the Gun?« wurde, bevor er als Stream und auf DVD herauskam, auf den bedeutenden Festivals Sundance und Locarno und in 16 Bundesstaaten im Kino gezeigt.

Auch bei meiner Vorführung von »Barstow, California«, versuchen wir das virtuelle Leinwandgeschehen um den Protagonisten Spoon Jackson und seinen Geburtsort in der Mojave Wüste um eine Gegenwartsebene zu erweitern. Über eine von Skype gemietete Telefonnummer und einen Account beim ConnectNetwork GTL kann Spoon mich anrufen. Noch während der letzten Sekunden des Abspanns dröhnt das Ding Dong des Skype-Telefons: »What's up?« Wir haben verabredet, dass er so kurz nach dem Film keine Gedichte liest, sondern dass Doug Hawes-Davis als Q & A-Moderator, ich und gegen Ende auch das Publikum mit Spoon reden: über unsere jeweiligen Orte, das Gefängnis und das Festivalkino, über Spoons Entwicklung zum Schriftsteller und über seine Situation als Gefangener, der nach einem fehlerhaft geführten Prozess seit 41 Jahren eingekerkert ist. Ganz zum Schluss, in der 12. Minute, liest Spoon ein Gedicht, das sich mit dem Motto des Festivals »Where Reality Plays Itself« deckt.

REAL

Realness eats raw meat
and does not waver
nor drift on the currents.
He has the staying power
of the sun.
Realness walks only in his
own shoes.

2010 zeigte ich beim Big Sky Festival »Milltown, Montana« (den anfangs erwähnten zweiten Film aus der »The American West«-Trilogie) mit bibbernden Knien. In Missoula, Butte und Browning saßen im Publikum die *Experten des Alltags* (Rimini Protokoll), denen der deutsche Filmemacher seinen Spiegel vorgehalten hatte. Mit einem blauen Auge, verpasst von einem Lokalreporter in Missoula, war ich damals davongekommen. Jetzt freue ich mich über die Einladung mit »Barstow«, dem dritten Trilogie-Film, in die Big Sky High School, die am Stadtrand in der Nähe des Bitterroot River liegt. Melissa, eine Sonderschullehrerin, fährt mich hin. Stolz berichtet sie während der Fahrt von einer Aktion beim Trump-Besuch in Missoula letzten Oktober. Aktivist*innen hatten auf dem stadtnahen Mount Jumbo in farbigen, großen Nylon-Lettern das Wort »LIAR = LÜGNER« ausgelegt, gut sichtbar für die Präsidentenmaschine Air Force One und alle Medien. Missoula ist eine überwiegend liberale, umweltbewusste Stadt.

Angekommen in der Schule werden wir von Scott Mathews empfangen, der Problemschüler*innen beim Abschluss hilft und den internationalen Schüleraustausch moderiert. 2013/14 hat er neun Monate lang den Hamburger Austauschschüler Diren Dede betreut. Scott zeigt mir im Flur eine lange Tafel mit den Namen der Sportler, die bei All State-Turnieren ausgezeichnet wurden, darunter auch Diren, der als Verteidiger in der Schülerelf spielte. Der 17-jährige Hamburger wurde im April 2014 bei einer *garage hopping* genannten Mutprobe von einem paranoiden Hausbesitzer erschossen. Seine entsetzten Gasteltern sagten daraufhin: »It's heartbreaking. This is not who we are, as a country, as a state and as neighbors too.«

Acht Schülerinnen und zwei Schüler eines Literaturkurses erwarten uns. Ihre Bilder und Texte werden in der *Aerie International Collection of Student's Literature and Visual Art* publiziert. Meinen Film haben sie schon tags zuvor gesehen. Scott ist ein Mensch, der nicht viele Worte macht. Er ging davon aus, dass das Gespräch nicht viel länger als 15 Minuten dauern würde – am Ende dauerte es 90 Minuten.

Zurück auf der Higgins Ave suche ich nach Gebrauchtbüchern. In The Bird's Nest – Books & Stuff bin ich der einzige Kunde. Fündig werde ich bei einer Publikation der University of Alaska, betitelt »Kassigeluremiut«, einer Sammlung von Schwarzweißfotos und Gedichten, geschrieben in Englisch und Yup'ik (oder *Yugtun*) von Schülern in Kasigluk, einer Yup'ik-Ansiedlung im Yukon Delta National Wildlife Refuge. Nick, John, Paul und Mike heißen die Autoren. Einer schreibt über die verzweifelte Suche nach seinem Bruder.

> Last two years ago I was at camp
> And I heard my brother was lost
> I was unhappy because he is the one who help me
> With anything that can be done
> I went home and my dad was no there he was at
> Nunapitchuk waiting for my brother to stop
> But he didn't come home so we wait for three days
> And three nights
> And then I went to bed and cannot sleep good
> Because I was thinking of my brother that he been lost
> Soon I wake up and Dad he tell me that they find him
> Near the Agoola with frozen feet

In Nome an der Beringstraße, wo ich 2002 den ersten Teil der »The American West«-Trilogie gedreht habe, begegnete ich einem Jäger, dem Ähnliches wiederfahren war, wie dem Bruder im Kasigluk-Gedicht. An der vom Ausweiden blutigen Hand, mit der er den Abzug seines Sturmgewehrs betätigt hatte, fehlten alle Finger.

Missoula Booze

Entering Charlie B's Bar
at the corner of space & time
das schwarze Loch
Gunfire auf dem Schirm
50er Western (black & white) mit Red Ryder
der Biker mit dem Walrossbart
fährt eine *Indian Chief*

Schwenk auf Ghuan Featherstone
den Compton Cowboy von *Fire on the Hill*
mit seinem ledernen Roxbury Stetson
Poh Si Ten, Producerin von *St. Louis Superman*
    battle rapper Ooops: »We ready ... we ready, we ready for y'all.«
mit Andy Smetanka, Animator von *And We Were Young*
    US soldiers fighting the Meuse-Argonne campaign
    in the last days of the Great War

Chaplins Schatten auf der Holzschindelwand
in *Police* (1916) ist ganz, ganz Gegenwart
    Schopenhauer is dead, the bawd
    puts her lute away
Dortmunder puts his »M« away
never brainwashed by Bozeman Aliens
got lost in a 1980ies Pacific Northwest punk movie
rebels so good he can't take it

SYMPATHY FOR SPEICHEL
EIN HEIT
ANGEL'S RAGE

FILLING STATION & DAYDRINKERS
SEX PENCILS
ERNST ERNST
DETONATION ROAD

Montana raccoon: »In welcher Sprache
spricht der Regen?«

636 / Notizen vom Big Sky Film Festival in Missoula – Hardenbergstraße, 28.2.19

BIANCA DÖRING
könnt es nicht Liebe sein

1 **es glauben**

ich hielte gern Blumen bereit sogar
zwischen den Zähnen ich würde
auch rückwärts hoffen einen Kuß ausbuddeln

Haut und Knochen ja ich päppelte sie
leckte ihre verklebten Augen: die Liebe
kaum rosig geworden brächte mich abermals um

beeil dich teil das Brot laß das Haar herab
rüttel den Namen wach auch wenn dir
vor ihm ganz kalt wird

und du jede Nacht nur noch wegwerfen kannst
aber ich will angekommen will da sein das Atmen
steht mir zum Hals ja ich hätte auch Kiemen

2 vielleicht bei einer Radtour

eisern berasen zwei steife Körper alle Berge rauf runter
beweinen die Parks die Bänke mit ihren Brotresten
reißen sich Stummheit vom Mund in den Pausen irgendwo
soll es hier Schwäne geben verwelkt klingt dieses *ah!*

seine Lippen wolln auf ihrem Kamm nicht mehr spielen
die Drangsal frißt ihnen längst aus der Hand sie halten
die Luft an bestaunen die Gipfel die sie erlegen
und gehäutet überm Feuer drehn (wie dürr und blau

ihre Finger sind) es spielt die Liebe vielleicht
noch das Lied das sie summen denn wenn sie verstummen
blüht ihnen gar nichts *sing weiter* flüstern sie rührsam

und kommen grad noch zurecht immer ists der eine
dumme Moment *ach lägest dich um meinen Hals rollest mich
zu dir hinan* wo ist der winzige Nenner der uns hält

3 oder ein Märchen dazu

käm ich in deine Hütte die mit dem Elefant' an der Tür
risse ihm die Sänfte runter und dir den Küriss aber
du bist ja nicht da hast sie fest verschlossen drinnen wirds fischig

mitten im Zauberwald steht ein dünnes Gespenst denk nicht
es habe sich verlaufen seine Hausschuhe funkeln es kennt den
Schlaf der immer über dich rannte ich mußte nach ihm schlagen

du schnittst den Blauregen ganz vom Dach ich zwang mich still zu
halten kein Zucken als auch die Vogelnester fielen wir haben
mit glasigen Augen uns festgeschnürt am Resultat

wenn du wiederkämst (der du im Traum irrst Glückskatzen rufst)
alle Fenster aufsperrtest und dieser Papiermond
gleich wieder sein Abrakadabra fächelte das mich so ärgert

ich blas noch immer den Staub von deinen Hemdknöpfen warte in
alten Jeans auf meinem Stückchen Magie bild es mir wenigstens
ein und stürze als Tau herab wenn du im Moos verdirbst

4 und danach

kleine Insignien der Götter:
Sägespäne auf den Knien
Salzlachen zwischen den Brüsten
Relikte einer Art Heimgang
ich bin sehr einverstanden

als der Kies unter den sich entfernenden
Schritten neu geordnet wurde beugte
der Mond sich mit einem trunkenen
Lächeln über meine Blöße kühlte die Haut mit
Licht brach langsam in Stücke
zurück blieb sein unendlicher schwarzer Saal

aus meinem Mundwinkel wischte
der Nachtwind einen Krümel
ich habe tatsächlich eine Süße bemerkt
alltäglich wie Milch und
mir war bang

5 soll etwas bleiben

dann fing ich an Hunde zu jagen zu küssen zerbiß
ihnen Ohren Wolfskrallen bis sie versteinten tauchte
mit Enten schwirrte mit Käfern kein Leuchten erschien

zu Mittag aß ich Grasrispen das Silberbesteck
mit der Spitze gerichtet auf mich die ich mit einem Pinsel
gestrichelt auf Federwolken wie ein gelblicher Knochen lag

oder das beschlagene Fenster wenn einer stirbt und es ist längst
Flut darüber gegangen die Liebe wünscht einen Kokon aus Licht
während ich sinke wenigstens eine rechtmäßig

Zurückgelassene wäre ich gerne so oder so allein
mit diesem Kästchen voll Spreu und der Herbst
kämmt mir fremd durchs Gesicht

URSULA MARIA WARTMANN
Acht Gedichte

Vietnam

Nach einer ganzen Weile ist es dann still;
Motoren der Harleys kühlen mit scharfem Klicken
aus. In der Hitze des Tages die Fahne schlaff
am Mast. God bless ..., jemand weint
schon jetzt. Savannah, nahe Forsyth Park.

Da wuchert langbärtig Moos an den Stämmen
der Eichen. Zwanzig sind sie heute, ausgefranste
Westen. Gestickte Banner. Blinde klammern sich
an Lederleinen. Krücken. Prothesen: das Gift.
Schwerfällig schleifen Stiefel im Staub.

Hände auf Herzen. Die Fahne wird zum Himmel
gerissen. Der helle Labrador des Blinden lehnt entspannt
im Brustgeschirr. Die große Stille ganz ohne Wind.
In der Schweigeminute hecheln die Hunde.

Agent Orange. Im Dickicht. Im Dschungel.
Auf welken Armen zerfransen die Tattoos.
»God bless America«: Ein dünnes
Zittern weht zur Fanfare über den Platz.

Wer kann, versucht ein Räuspern.

Dammbruch

Das Wasser steigt in Schüben da ist es
bald bis zum Kirchturm hoch und füllt
das schmale Tal. Ein Anschlag vielleicht; ich
schwimme auf einer verrotteten Stalltür stammle
Gebete und in die Schreie des Bussards
verschränkt sich ein milchiger Sonnenstrahl.
Die Stille treibt wahllos vorbei, am glasglatten Wasser
zupfen stumm Libellen; weit hinten gebläht ein Hundebauch.
Ich reiße vom Kirchturm die Uhrzeiger ab; scharfe
Paddel glänzend in der Hand schnell jetzt und schauen
was hinter dem Tal auf der anderen Seite noch ist. Da
stehn sie in schwarzen Soutanen und rauchen
und haben die Köpfe der Kinder an ihren Zöpfen zu einem
Strauß gebunden. Unter mir treiben flache Gesichter
die Kirchgängerinnen die Augen wie hinter
Leselupen; ich mache kehrt und peitsche die
Zeiger der Kirchuhr durchs Wasser bis vor der Zeit der Mut
mich verlässt und die Kraft. Der pfeilschnelle Trost
des Bussards; er bringt im Schnabel Filets von Orangen
American Toast und etwas Wein; das Brot so lappig
wie all die Tage jener Zeit und die ziellose Sehnsucht die
Gier und die Frage: wonach. Ich esse und trinke erkunde gestärkt nun
die rechte Seite des Tals. Dammbruch. Da warten sie schon;
auf mich, auf solche wie mich. In hitzigen Handflächen halten
sie Messer die stärkeren Äste der Birken und Skizzen: die
Choreografie ihrer neuen noch ungebrauchten Gewalt.

Wolkenmeer wie eh

Die Kraniche kraulen bedächtig durch
warmen Wind im Wolkenmeer wie
eh und je: In strikter Formation. In
der Tiefe des Atlantik stöhnt der Rochen
beim Verdauen einer Scherbe Tupperware.

Am Strand verlassen die Alten den
Schutz der Sonnenschirme. Die
Flotte weißer Wale duckt sich
dicht unter dem Siedepunkt und oben
fächert der Tanker sein Schweröl aufs Meer.

Am Grund simmern brennende Klumpen.
Alle Mann an Bord: Gerettet. Wir sehen wo
wir bleiben bei Facebook wird gepostet was
das Zeug hält. Erlösung endlich zerreißt es
den gemarterten Rochen kieloben.

Triumph des Freundes

Ende März, wir haben
lange nichts voneinander
gehört. Eine Nachricht
im Smartphone am Abend:
die Jagdprüfung. Bestanden. Ich
schicke Smilies: Einen Kuss, ein
paar Blumen. Er lebt schon seit
Jahren weit weg von hier.

Die Antwort kommt sofort. In
diesem Moment schon sitzt er
an. Eine Lichtung. Ein Wald,
das Gewehr schussbereit im
Hochsitz mit schmalen Augen.
Es ist fast dunkel: Du wirst kein
Glück mehr haben, mein Freund;
die Nacht sie bricht an.

Schweinesonne. So nennen sie
den vollen Mond. Der kalte Schatten
wirft, der Moose bescheint und das
Zittern der Insekten in straff
gespannten Netzen. Diese Nacht ist
ganz ohne Wolken. Um zwölf brummt
die Nachricht neben dem Bett ich kenne sie
und öffne sie am nächsten Tag:

Da ist die Bache am weiß gekachelten
Boden im Blut & oben am Bildrand

der Triumph des Freundes & sein Lachen & die
Zähne scharf unter dem hellen Rot seiner Lippen.

Kaufen wir kein Problem

Im Büro hinterm Aufzug gibt
er seine Papiere ab. Die Kur
hat ihm gut getan jetzt
freut er sich auf zu Hause
seine Arbeit und auf sein Dorf.

Seine Frau im Foyer. Die Koffer
die Stöcke fürs Walking.
Noch einmal Frühstück hier und
schalen Kaffee und das
Geplänkel mit Hans-Gerd.

Seine Frau zeigt Brust unterm
Anorak. Sie erzählt vom
Schützenfest Horst hat wieder
Krebs sieht nicht gut aus
was anziehen zur Gala wenn

das Königspaar demnächst den
Tanz eröffnet. Er schweigt er
nickt bei Aldi gibt es schon Osterkörbe
in Cellophan. Für Horst vielleicht.
Kaufen wir kein Problem.

Jemand liebt dich

Du kommst spät, plötzlich der Schnee
der Weg kaum passierbar. So sagst du es mir.
Warst du schon immer einen Kopf
größer, du hast Sturm im Gepäck.

Wir reden, während sich vor den Fenstern
die Nacht zusammenbraut. Der Wind
wühlt sich pfeifend durch den Kamin.
Dein neues Lächeln ist siegessicher.

Du sprichst und du sprichst. Ich
lausche. Ich lausche deiner Stimme schon lange
nicht mehr deinen Worten. Die Augen
trocken beim Weinen geschlossen.

Mit jedem Wimpernschlag werden
die Narben tiefer. Es ist spät. Der
Schnee, sage ich. Es schneit; du
solltest bald wieder fahren.

Dein neues Lächeln. Vorsichtig.
Ich sehe deinen gelenkigen Lippen zu.
Erleichtert kramst du nach dem Autoschlüssel.
Jemand liebt dich mehr als ich.

Ringo fliegt

Der Sturm. Reißt uns die Worte
vom Gesicht. Ein paar Hundert Meter
am Deich entlang, während ein Sonnenglühen
hinter dem Wolkenturm wartet.

Der Dackel trippelt. Blechspielzeug,
aufgezogen, braune Ohren in der
Waagerechten im Wind: Gleich.
Gleich wird Ringo fliegen.

Wir lachen. Wir rufen uns etwas zu und
verstehen doch nur Gesten. Noch zehn
Minuten, dann werden wir bei Moni sein
und Piet. Bei Waffeln bei heißem Tee.

Wir schmecken voraus. Wir schmecken Vanille und Zimt
und dampfende Kirschen. Das hier ist, denken wir wild
und entschlossen, ein gutes Leben, während der Rotz
uns in der Nase gefriert und wir das raue Kinn in
die Schals aus Lammwolle drücken.
Ein gutes Leben; wir jubeln, als eine Sekunde lang
eine riesige Sonne die glitzernde Platte der Nordsee flutet.

Häuptling

Unten im Hof rupfe
ich den Fasan den
mein Onkel gestern
für uns geschossen hat.

Ich ziehe die Kiele
zärtlich aus der kalten Haut
und ordne das
Federkleid nach Farben.

Ich will mir für morgen
einen Indianerschmuck
basteln ich werde beim Spiel
der Häuptling sein.

Niemand kann
schneller laufen
als ich an meinen Mut
reicht niemand heran.

Am nächsten Sonntag
Lackschuhe. Weißes
Kleid zur Heiligen
Kommunion.

JÜRGEN BRÔCAN

Der Menschenfreund

Warum es sich lohnt, Johann Peter Hebel zu lesen

Es ist erstaunlich, daß sich ein eher unauffälliger und bescheidener Klassiker wie Johann Peter Hebel bis heute einer anhaltenden Beliebtheit erfreut, nicht weniger erstaunlich als die Tatsache, daß bislang keine vollständige kritische Ausgabe seiner Werke vorliegt. Man denkt sofort mit Erschrecken daran, wieviele bedeutende Klassiker aus offensichtlich rein finanziellen Gründen auf eine solche Edition bisher überhaupt verzichten mußten, und stellt sich grausend vor, welche Desiderata dann in der Zukunft für etliche unserer gegenwärtigen Schriftsteller wahrscheinlich aufklaffen werden. Der Göttinger Wallstein Verlag hat Johann Peter Hebel nun zumindest eine kommentierte Lese-Ausgabe seiner sämtlichen Werke und Briefe mit einem verläßlichen Wortlaut (und in Original-Orthographie!) zu einem mehr als attraktiven Preis gegönnt. Mit Ausnahme der Predigten, Rätsel und Scharaden, bei denen nach Ansicht der Herausgeber nicht nachweisbar ist, daß Hebel »im Sinne einer Autorisierung beteiligt war«, enthalten die sechs Bände die umfangreichste Publikation seiner überlieferten Texte –: und das allein ist Grund genug, wieder einmal an diesen wundersamen Autor zu erinnern.

Der Klassiker eine olympisch enthobene Gestalt? Keineswegs. Johann Peter Hebel muß ein in vieler Hinsicht sympathischer, umgänglicher, humorvoller Mensch gewesen sein, folgt man den neueren und noch immer unbedingt empfehlenswerten Biographien von Heide Helwig und Bernhard Viel, die beide zum 250. Geburtstag des Dichters im Jahre 2010 erschienen sind, aber sicherlich war er eines nicht: bloß ein schlichter, biederer, vom Katheder herunter moralisierender Schulmeister und Theologe. Das zeigt sich schon früh, in den ersten erhaltenen Versen, denn niemand, dem humorige Selbstkritik nichts bedeutet, würde seinem Schulfreund beim Abschied die folgenden drolligen und doch tiefmelancholischen Zeilen ins Stammbuch schreiben:

Ich bin hier in der Fremde
Und habe nur ein Hemde
Wenn das zur Wäsche springt
So lieg ich in dem Bette
Wie Phylax an der Kette
Bis man mirs wider bringt

Das sind natürlich keine für die Ewigkeit oder auch nur einen größeren Leserzirkel gedachten Zeilen, aber sie werfen ein erhellendes Licht auf den Autor, damals achtzehn Jahre alt, ein Vollwaise, finanziell teilweise von Gönnern abhängig, die seine Laufbahn als Theologe befördern wollten und zuletzt enttäuscht wurden, weil Hebel nichts weniger wollte als ein Pfarramt, auch wenn er sich dies später als Idyll imaginierte. Erstaunlich allemal, mit welch renitentem Selbstbewußtsein der junge Mann seine Karriere in Richtung eines Schulamts zu lenken wußte. Selbst als Leiter des Gymnasium illustre in Karlsruhe blieb ihm der Witz nicht im Halse stecken, wie das auf die Praxis der lateinischen Übersetzung ausgerichtete »Stilbuch« beweist, in dem sich neben Belehrung, Sprichworten, wissenswerten Fakten zuweilen eine sprachlich surreale Groteske findet:

Es wird manchem Menschen leichter, ein schweres Unglück zu ertragen
als ein leichtes. Hättest du das Licht nicht ausgelöscht, so wäre deine
Schrift nicht ausgelöscht worden. Sieben ist eine ungleiche, aber eine hei-
lige Zahl. Eins dazu oder davon, wird's gleich. Gleich und gleich gesellt
sich gern. Gleiche Brüder, gleiche Kappen. Wer kann alle Berge gleich-
machen? Die Sonne geht auf, das Gras geht auf, die Türe geht auf, das
Geschwür geht auf. Sechzig Kreuzer gehen auf den Gulden. In manchem
Hause gehen alle Tauge 60 fl. [Florin] auf. Alten Leuten behagt alter
Wein. Künftigen Herbst werde ich dich in den Herbst einladen.

Ein bedeutendes Werk braucht nicht unbedingt den Input mondäner Umtriebe, es entsteht genauso, und oft noch besser, in räumlichen Beschränkungen. Hebel betrachtete der Weltweite allerdings weder gleichgültig noch interesselos, wie seine Exzerpthefte und das posthume Verzeichnis seiner Bibliothek zeigen, selbst hat er aber die Gegend zwischen Karlsruhe und Basel nicht überschritten, im Gegensatz übrigens zu seinem herumgekommenen Vater, und sich eher in der Kunst der philosophischen Kopffahrten geübt.

Wo der Dengle-Geist in mitternächtige Stunde
uffem silberne Gschir e goldeni Sägese denglet,

beginnt das Gedicht »Die Wiese«, bei der es sich nicht um ein Rasenstück, sondern um einen Fluß handelt. Es stellt nicht nur ein wichtiges Beispiel für die Belebung des Dialekts als Literatursprache dar, sondern ist auch typisch für die genaue Beschreibung und Beobachtung des Autors, der sich hier das Muster des Bildungs- und Entwicklungsromans der Goethezeit zunutze macht und auf den Fluß überträgt, verdichtet zu einer Großmetapher auf die Welt als Gottes Schöpfung, betrachtet unter dem genauen Blick des beobachtenden Naturforschers. Denn Geographie und Geologie gehörten zu seinen Steckenpferden wie die alten Sprachen – aber am intensivsten hat Hebel die Menschen studiert (und durchschaut).

Die kleinen Prosastücke für den »Rheinländischen Hausfreund« dringen ins weltliche Getümmel, entlarven die Triebe, Illusionen, falschen Begierden und Hoffnungen, ohne sich über die Gefühle der Menschen lustig zum machen. Ja, sie sind menschenfreundlich, vielleicht auch gerade deshalb, weil sie niemanden schonen. Hebel versteht es, für den einfachen Leser zu schreiben, doch ist die Prosa deshalb noch lange nicht schlicht, im Gegenteil, die skizzenhaften Striche enthüllen eine bestürzende Abgründigkeit, regen wegen ihrer Doppel- und Dreifachbödigkeit zum kritischen, aufklärerischen Nachdenken an. Man kann hier sicherlich auch

Hebels pädagogischen Eifer am Werk sehen, mehr noch aber den Gemmenschleifer äußerst aparter Kurzprosa. Dabei verdanken sich die Beiträge zum »Rheinländischen Hausfreund« – der schlicht »Badischer Landkalender« hieß, ehe Hebel aufgezwungenermaßen die Redaktion übernahm – gar keinem primären inneren Antrieb, sondern entstanden aus der Notwendigkeit, den Kalender zu füllen (und die Zensurinstanzen nicht allzu sehr in Rage zu versetzen). Äußere Zwänge, wenn sie auf eine vorhandene innere Disposition treffen, sind offenbar manchmal bessere Motoren als das eruptive Bedürfnis nach Selbstäußerung.

Obwohl theologisch versiert, war Johann Peter Hebel ein Aufklärer und kritischer Geist ganz eigener Art. Die Wahrheit hatte Priorität und war oberstes Ziel, doch sie galt nur solange, bis sie durch eine andere oder bessere Wahrheit ersetzt werden mußte. Auch Hebels Lektionen in Toleranz und Menschenliebe sind nicht mit der Zeit gealtert, sie wirken noch immer frisch, als sei es ihm gelungen, seine Feder in den Brunnen der ewigen Gültigkeit zu tauchen. Freilich ist Hebel kein politischer Feuerkopf, der nach Umsturz giert, ihm ist mehr nach Ausgleich und Friedfertigkeit zumute, notfalls auch um den Preis persönlicher Nachteile, was ihm manche Zeitgenossen verübelt haben. Hebel provoziert nicht willentlich, sein Mittel ist die Politik der kleinen Schritte, der Veränderung von Innen heraus.

Mitleid mit den vom Schicksal körperlich und geistig Benachteiligten und ironische Aufdeckung der menschlichen Schwächen sind die Schwerpunkte der Kalendergeschichten für den »Rheinländischen Hausfreund«, Trost und Anleitung für ein größeres Publikum, aber eben auch literarische Meisterwerke im Kleinformat. Sie zeigen, wie man aus Alltagsbanalitäten mittels Sprache philosophische Gedanken über die *condicio humana* mit Tiefgang zimmert. Bieder oder naiv sind diese Erzählungen allemal nicht, man denke an die »gräuliche Geschichte«, die »durch einen gemeinen MetzgerHund ist an das Tageslicht gebracht worden«, wo nicht nur besagter Metzger gewaltsam zu Tode kommt, sondern auch das eigene Kind, das Zeuge des Mordes wurde, dem Profitstreben geopfert wird, eine Story, die an schmutzigem Realismus und Brutalität sicherlich ihresgleichen in der Literatur (nicht nur der damaligen Epoche) sucht.

Neben allerhand faktischen Belehrungen über das »Weltgebäude« ist der »Hausfreund« bemüht, auch in religiösen Angelegenheiten ein tolerantes, aufgeklärtes Weltbild zu verbreiten. Der Prophet Mahomed ist in der gleichnamigen Geschichte »sanftmüthig« und lehrt durch sein Beispiel – er geht zum Berg, der nicht zu ihm kommt –, daß man nicht auf Wunder hoffen, sondern selbst tätig werden soll. Und immer wird in den unruhigen Zeitläuften die Flüchtigkeit und Endlichkeit einer sich erneuernden Natur thematisiert, die sich »zu einem großen unbekannten Ziel« entwickelt. Die kurze Skizze »Die Ruine« aus dem Jahr 1811 z.B. ist in ihrem fragmentarischen Charakter überaus poetisch; sie schließt mit der apokalyptische Ausmaße einnehmenden Vanitas-Zeile:

Auch die Erde wird einst Ruine seyn unter den Sternen. Der Mond ists vielleicht schon.

Die beiden Briefbände, die der Ausgabe von Wilhelm Zentner folgen, sind nicht nur eine Beigabe zum ›eigentlichen‹ Werk, sie sind Bestandteil, ergänzen und erläutern es zugleich. So wird die philologische Neugier in Hinsicht auf die Entstehung der Texte und deren biographische Umstände ebenso bedient wie die anekdotische Leselust. Man kann sich das Vergnügen vorstellen, mit dem die jeweiligen Empfänger diese Briefe gelesen und vielleicht auch im Freundes- und Familienkreis vorgelesen haben, denn Hebel hat nicht mit launigen Anekdoten und lustigen Beschreibungen gespart. Allerdings muß man oft schon sehr genau lesen, etwa wenn Hebel nach einem Rezitationsabend mit der gefeierten Schauspielerin Henriette Hendel so aufgeregt ist, daß er beim Rauchen eine Balkontür mit dem Fenster verwechselt und beinahe hinausstürzt – abgehandelt wird das in wenigen Sätzen, doch die Frage, ob erotische Verwirrung oder der unbewußte Wunsch nach Flucht aus der Abendgesellschaft die Ursache sind, beschäftigt den Leser noch lange.

Johann Peter Hebel: Gesammelte Werke. Kommentierte Lese- und Studienausgabe in sechs Bänden. Herausgegeben von Jan Knopf, Franz Littmann und Hansgeorg Schmidt-Bergmann. Wallstein Verlag, Göttingen 2019.

ARNE RAUTENBERG

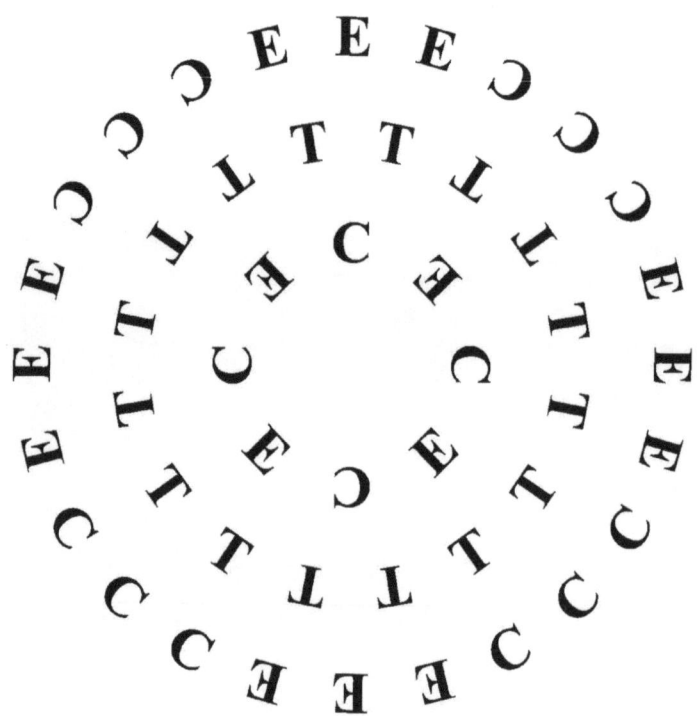

edition offenes feld
hrsg. von Jürgen Brôcan
in Zusammenarbeit mit Offenes Feld e.V.

Bengt Emil Johnson:
Das Fest der Wörter. Aus dem Sumpf.
Mit einer Nachschrift von Staffan Söderblom
Aus dem Schwedischen übersetzt von Lukas Dettwiler
116 S., ISBN 9783739215457

Ranjit Hoskote:
Feldnotizen des Magiers. Gedichte.
Aus dem Englischen übertragen von Jürgen Brôcan
124 S., ISBN 9783739215419

Hans Børli:
Der Wind schaut nicht auf die Wegweiser. Gedichte.
Aus dem Norwegischen übersetzt von Klaus Anders
100 S., ISBN 9783739215440

Klaus Anders:
Ätna. 35 Ansichten. Gedichte.
76 S., ISBN 9783738659498

Carsten Zimmermann:
Nichts geschieht. Roman.
160 S., ISBN 9783839115251

Bianca Döring:
Flieg, mein elektrischer Fisch. Prosa.
144 S., ISBN 9783842334489

Arundhathi Subramaniam:
Die Stadt brandete gegen mich. Gedichte.
Aus dem Englischen übersetzt von Jürgen Brôcan
80 S., ISBN 9783842336711

Kjartan Hatløy:
Die Lippen verlangen nach Ocker. Gedichte.
Aus dem Norwegischen übersetzt von Klaus Anders
108 S., ISBN 9783739213989

Angelica Seithe:
Im Schatten der Äpfel. Ausgewählte Gedichte.
112 S.. ISBN 9783741238505

Mathias Jeschke:
Luftstudien. Gedichte.
84 S., ISBN 9783739232010

Matthias Buth:
Paris regnet. Neue Gedichte.
132 S., ISBN 9783741290923

Ulrike Bail:
sterbezettel. Gedichte.
80 S., ISBN 9783741290381

Jürgen Kross:
inland. Gedichte.
108 S., ISBN 9783741282638

Thomas J. Wehlim:
Zweierlei Krieg. Roman.
192 S., ISBN 9783743179110

Timo Brandt:
Enterhilfe fürs Universum. Gedichte.
104 S., ISBN 9783743192287

Spoon Jackson:
Felsentauben erwachen auf Zellenblock 8. Gedichte und Prosa.
Aus dem Englischen übersetzt von Rainer Komers
108 S., ISBN 9783744820028

Zhou Bangyan:
Lieder.
Aus dem Chinesischen übersetzt von Raffael Keller
72 S., ISBN 9783743160248

Moya Cannon:
A Private Country | Ein privates Land. Gedichte.
Aus dem Englischen übersetzt von Eva Bourke und Eric Giebel
152 S., ISBN 9783744875233

Göran Tunström:
Unsere Insel – Unsere Zeit im Meer. Gedichte.
Aus dem Schwedischen übersetzt von Lukas Dettwiler
112 S., ISBN 9783744874700

Bettina Klix:
Berliner Suchbilder. Kurzprosa.
104 S,. ISBN 9783744820400

Michael Girke:
Geisterbahn. Wanderungen in Filmen und Büchern.
188 S., ISBN 9783746000602

Frank Schmitter:
Der wille ist ein weithin überschätzter körperteil. Gedichte.
80 S., ISBN 9783746059471

Rainer Komers:
Worte Fliege Agfa. Ausgewählte Gedichte 1998-2018.
124 S., ISBN 9783752866094

Karsten Redmann:
An einem dieser Tage. Erzählungen.
204 S., ISBN 9783748167655

Jürgen Brôcan, Arnold Maxwill, Ralf Thenior:
Nachrichten aus dem Dreistromland
204 S., ISBN 9783732278114

Ursula Maria Wartmann:
Der Bourbon des Grafikers. Gesammelte Erzählungen.
224 S., ISBN 9783749487035

Şafak Sarıçiçek:
Kometen Kometen. Gedichte.
72 S., ISBN 9783749495672

Frank Schmitter:
Das bezahlbare unglück der kleinfamilien im urlaub. Gedichte.
72 S., ISBN 9783748119968

Impressum

Herausgegeben von Offenes Feld e.V., Herford
Redaktion: Jürgen Brôcan
Beirat: Ralf Thenior
Mitarbeit: Kerstin Zimmermann
Layout: Studio Z16, Dortmund
Coverillustration: Denis Vidinski, »Geäststudie«

Der Verein Offenes Feld dient als Forum für die Diskussion,
Korrespondenz und Vermittlung zwischen den Künsten.
Die Mitglieder kommen aus allen Bereichen der Kultur.

Weitere Informationen und Bestellmöglichkeiten:

www.offenesfeld.de

Heft Nr. 8
Oktober 2019

Herstellung und Verlag: BoD — Books on Demand, Norderstedt
Printed in Germany
ISBN: 9783748181972